L'ÉLECTION

ET

L'AUTORITÉ

PAR

A. DE VILLENAUT.

NEVERS,

G. VALLIÈRE, IMPRIMEUR DU DÉPARTEMENT,

Place de la Halle et rue du Rempart.

1889

L'ÉLECTION

ET

L'AUTORITÉ

PAR

A. DE VILLENAUT.

NEVERS,

G. VALLIÈRE, IMPRIMEUR DU DÉPARTEMENT,

Place de la Halle et rue du Rempart.

—

1889

L'ÉLECTION ET L'AUTORITÉ.

I.

Il est de règle que tous les dix-huit ans environ nous ayons un changement de gouvernement. Notre caractère national d'une part, et nos institutions de l'autre, sont les principales causes de ce retour fatidique de révolutions qui est un germe menaçant de décadence.

Comme en un conte antique, il semble qu'une demi-douzaine de fées engagées au baptême de la France se soient plu à la doter des dons les plus précieux : courage, loyauté, intelligence, générosité, génie des arts, amour du travail. Mais voilà qu'une septième, oubliée et irritée, survient et ajoute un présent funeste : la mobilité! Et de fait, l'amour immodéré du nouveau, le manque de fixité dans ses idées et ses attachements paralyseront, toute sa vie, les brillantes qualités de la filleule.

Un des effets de cette mobilité se traduit par l'irréflexion, la crédulité aux promesses, l'oubli rapide des dures expériences. Qu'un charlatan politique promette monts et merveilles en échange des suffrages populaires, il est élu d'enthousiasme; la désillusion survient en guise de l'âge d'or rêvé, la vie est toujours aussi dure, le travail aussi pénible quand, par surcroit, il ne fait pas défaut; les faveurs promises n'arrivent pas. C'est que le mandataire n'était qu'un imposteur; nous allons en changer, car en voici un autre qui jure de tenir parole, et dont le programme est encore plus alléchant. Même résultat! Le nombre des

*

mécontentés par le premier député s'accroît des seconds, puis des troisièmes, jusqu'à ce qu'un beau jour les électeurs s'avisent que leurs déceptions successives ne sont pas le fait seulement des hommes, mais du système, qu'il faut renverser. N'est-on pas las, énervé?

Ce que l'on désire, on ne le sait, mais on veut changer de régime, puisqu'on en a le pouvoir. Dès-lors, en face de l'opposition grandissante, le malheureux gouvernant perd la tête, accentue ses sottises, et... s'enfuit, qui devant une menace d'émeute, qui sous le poids d'une diversion désastreuse.

Une révolution est le point de départ d'une expérience nouvelle, et cet autre gouvernement réalisât-il, par impossible, l'idéal de la perfection, que l'esprit frondeur, avide de nouveauté et d'inconnu, jaloux des faveurs qu'il voit prodiguer à autrui, se manifestera bientôt si on l'y incite par l'élection, le stimulant par excellence de cette mobilité.

Quels que soient la base et le nom du gouvernement établi, son renversement à brève échéance est inéluctable si les institutions politiques ne sont pas modifiées. C'est sur elles seules qu'on peut faire porter les remèdes; le tempérament d'un peuple, ses faiblesses et ses passions ne changent jamais.

II.

Instruits par cinq à six cents ans de calamités, effet des compétitions pour le pouvoir suprême, les Français du dixième siècle qui, sans avoir à leur actif l'invention de la vapeur et de l'électricité, devaient cependant n'être pas dépourvus de toute lueur de bon sens et de réflexion, jugèrent que les hommes étant providentiellement destinés à vivre en société, tous ne peuvent commander. Ils pensèrent donc être sages en plaçant au sommet de la hiérarchie un chef unique, désigné d'une manière qui, à l'avenir, écartât toutes les brigues. L'élection, c'était

l'intrigue et la discorde ; autant eût valu la désignation par
le sort. Ils s'en remirent à une loi de nature : l'ordre de
primogéniture dans l'hérédité du sang et dans une même
famille.

Cet ordre matériel immuable, à l'abri de toute inter-
prétation et au-dessus de toutes conventions futures,
garantissait la stabilité, et permettait de préparer dès l'en-
fance à sa tâche le souverain prédestiné; mais ce principe
ne pouvait être un palladium contre les révolutions qu'autant qu'il ne souffrirait d'exceptions sous aucun prétexte,
même lorsque le souverain serait peu apte à gouverner les
hommes, qu'il s'appelât Charles VI ou Louis XVI.

C'était aux institutions parallèles à corriger les inconvé-
nients du hasard de la naissance, et à s'adapter aux
besoins du temps et aux évolutions du progrès.

Ce principe de l'hérédité monarchique a été nommé à
tort « droit divin » ; ce n'était pas un droit, au sens propre
du mot, mais une convention humaine mise sous la protection de « la grâce de Dieu » ; un pacte entre la nation
et une famille à laquelle la première avait délégué l'exercice *immuable* d'une partie de sa souveraineté, pour se
procurer en échange des avantages précieux : la stabilité,
l'unité et l'extension territoriale, la prospérité, la force et
le rayonnement intellectuel, fruit de la paix intérieure.
Dans cet ordre d'idées, il y a un contrat *bilatéral*, qui ne
peut être rompu; et l'assentiment à ce qu'ont fait des
devanciers ne peut être mis en question. Avec une droiture et une franchise qui ne sont plus de notre temps,
M. le comte de Chambord a montré naguère au monde
étonné ce qu'un tel principe peut inspirer de grandeur
morale et d'élévation de sentiments.

Ces considérations sont devenues étrangères à notre
génération, qui ne demande qu'à vivre tranquille et pros-
père, insoucieuse que le gouvernement soit étiqueté
Philippe VII, Napoléon V, Boulanger, ou même République conservatrice. Encore faudrait-il, pour que cette
tranquillité ait chance d'une durée relative, que le gouvernement se basât sur quelque principe de stabilité et

d'autorité qui manque totalement au système électif dont l'essence est le changement et la dépendance. Il mène fatalement à une révolution si l'on a un monarque, ou au radicalisme-socialiste si l'on est en République.

Il est non moins urgent que ce régime à étiquette quelconque ne mette pas en pratique des institutions et des lois qui soient un germe de mort, telles que l'application du suffrage universel sans restrictions, l'extension exorbitante de pouvoirs du Parlement et de l'Etat et la liberté illimitée de la presse.

III.

Nous assistons depuis dix-huit ans à un pitoyable essai du régime parlementaire : huit à neuf cents individus (Chambre et Sénat modérateur, qui ne modère rien) disposent souverainement de toutes les fonctions, budgets et faveurs, font et défont les lois, suivant leurs caprices et sans étude sérieuse, car leur principale préoccupation est leur intérêt du moment et leur fortune personnelle. Pour avoir part au pouvoir et à la curée, les ambitions se coalisent, on interpelle le matin et on renverse le soir les ministères qui, se sentant éphémères, ne peuvent avoir ni vues d'avenir, ni esprit de suite dans les actes : c'est le gouvernement au jour le jour.

Le député de la majorité, le seul qui soit quelque chose dans ce système, dicte des lois aux ministres et aux fonctionnaires, sans s'inquiéter de savoir si celles qu'il vote à la Chambre sont bonnes ou mauvaises, mais seulement si elles flatteront la majorité des électeurs ; il sait qu'il y a toujours là-bas dans sa circonscription quelque ambitieux, beau parleur de cabaret, qui guigne sa place, fomente le mécontentement, allume les convoitises par de brillantes promesses ; et, pour conserver la faveur de la populace, il faut manger du prêtre, laïciser à outrance, créer des places et des dépenses nouvelles grâce à des impôts désordonnés, frapper d'ostracisme une moitié de la France, à laquelle on refuse l'accès de toute fonction publique, épurer, exiler, expulser. Occupé à quémander sans cesse des faveurs, des pots-de-vin et des places, pour lui, ses parents et ses courtiers électoraux, à répondre aux innombrables solliciteurs, en promettant à vingt personnes le même emploi, il ne lui reste pas un moment à donner au soin de son mandat législatif.

Tel député, tel ministre; en sorte que le bien du pays ne regarde personne, et que le gâchis est effroyable. Le malaise et la misère se répercutent sur les électeurs mêmes qu'on a voulu ménager; comme remède, ils donneront leur voix à un candidat plus radical encore, ambitieux sans carrière qui, pour capter les suffrages du peuple, s'adressera à ses pires passions, et poussera au noir le tableau des injustices de l'organisation sociale et des errements du Gouvernement, promettant de tout réparer; ses mensonges, ses promesses et ses duperies lui vaudront encore les suffrages de braves électeurs naïfs auxquels le candidat honnête ne promet rien d'irréalisable. L'électeur plus éclairé est frondeur; il a bien ses idées et ses systèmes, mais il a aussi ses jalousies, et d'ailleurs il tient à donner une leçon au pouvoir.

A chaque élection on descend un degré sur la pente de la démagogie et du socialisme, et ceux-là se leurrent qui pensent qu'un gouvernement conservateur quelconque fixera l'attachement du peuple, ou bien sera assez fort et assez habile pour contraindre ses suffrages. Je crois à la parole prophétique de Gambetta s'adressant à la droite: « Le suffrage universel en submergera bien d'autres que vous! » Il a, en effet, submergé les opportunistes, après les centre-gauchers, en attendant qu'il submerge les radicaux, les cadettistes, les boulangistes et tous les régimes qui penseront se confier à lui.

Dans un pays d'une mobilité impressionnable à l'excès, inquiet dans ses aspirations, irréfléchi dans ses engouements, également prompt à l'entraînement et au détachement à l'égard de ses mandataires, la toute-puissance du suffrage universel est un grave danger qui s'appuie sur un principe faux : l'égalité dans le partage entre tous de la souveraineté nationale.

L'égalité des hommes est une conception du christianisme qui ne vise que l'âme, égale et identique pour tous ; cette idée, généralisée et reprise par la philosophie, puis par le socialisme, conduirait dans son application à la destruction de toute société. La Providence nous fait naître inégaux en force, en intelligence, en aptitudes et en épargne, et les lois sociales accentuent cette inégalité avec l'hérédité et la propriété individuelle. L'homme devant vivre en société, une hiérarchie est nécessaire, et qui dit hiérarchie dit inégalité.

La souveraineté réside dans la nation, cela est incontestable ; mais, qu'est-ce, la nation ? N'est-ce pas le faisceau de toutes les forces vives, intellectuelles et sociales ; faisceau qui n'est quelque chose que dans son ensemble même, et dont les unités, d'inégale valeur, ne représentent rien si on les prend isolément. L'égalité n'existe pas plus en politique qu'en société, et l'esprit se refuse à admettre que la voix, c'est-à-dire l'opinion raisonnée, d'un de Broglie, d'un Rouher ou d'un Gambetta n'ait pas plus de valeur que celle d'un rôdeur de barrières ou d'une brute alcoolique.

Principe qui peut capter des intelligences jeunes ou généreuses, le suffrage universel n'est pas un droit primordial ; c'est une thèse intéressée, soutenue par Ledru-Rollin, qui voulait donner à son parti l'appui des déshérités des avantages sociaux, et par Napoléon III, qui pensait attacher pour toujours à sa fortune les masses passives et sujettes à la pression. Le cens était une base vicieuse et incomplète, la fortune n'étant pas le seul élément de supériorité sociale ; et, d'ailleurs, les supériorités, de quelque nature qu'elles soient, ne constituent pas à elles seules la nation ; le bas peuple aussi a droit à une part légitime, mais *non prépondérante*, dans la représentation.

J'entends l'objection : Le suffrage universel est passé dans les mœurs, il n'y a que les esprits rétrogrades qui puissent penser à y toucher; d'ailleurs, par quoi le remplacer?

C'est aux hommes politiques à chercher des solutions; je ne veux qu'étudier les causes initiales de nos souffrances, sans prétendre prescrire de remèdes. Quant au reproche d'un retour à des principes surannés, qu'on veuille bien distinguer entre la nouveauté et le progrès. Les institutions et les constitutions doivent se perfectionner et varier selon l'état d'avancement des civilisations; l'indépendance et la liberté doivent progresser; mais il y a des faits inhérents à la nature humaine qui restent immuables, tels que l'inégalité. Penser, comme corollaire obligé de l'égalité de tous, que le nombre fait le droit et la vérité, est folie égale à celle de songer à revenir à l'ancien régime.

Veut-on soumettre au suffrage universel cette proposition de loi: « Au-dessus de dix mille livres de rentes, le surplus de la fortune de chacun sera réparti entre ceux qui ont moins que ce chiffre? » Le résultat ne sera pas douteux. Le nombre aura-t-il créé le droit? Cependant, si le peuple est souverain, qui peut prétendre limiter son champ d'action et son pouvoir?

Dans la pratique, ce n'est pas le peuple qui parle par ses bulletins. Que ce soit de la part du Gouvernement ou de quelques chefs des partis, les choix lui sont toujours imposés, sans que son avis préalable ait été pris; l'expression du suffrage universel, « notre maître à tous, » ajoute-t-on avec un point d'orgue, est simplement celle du bon plaisir de quelques meneurs, intrigants roués et remuants, qui lancent un nom que la multitude moutonnière accepte comme elle en eût accepté vingt autres.

Très-peu de vrais votants, et beaucoup de machines à voter, voilà le réel exercice du droit démocratique de souveraineté égale pour chaque citoyen.

Est-ce à dire qu'il ne faille ni frein, ni contrôle, ni de régime parlementaire d'aucune sorte? Non, certes; le pouvoir absolu est également funeste, qu'il soit exercé par un seul ou par une assemblée; c'est toujours la perte de la liberté et de la dignité. La science politique consiste à trouver des systèmes permettant à la nation de faire entendre ses désirs et ses plaintes, et d'être le guide du pouvoir; mais sans donner pour cela libre carrière à la vivacité naturelle de son caractère, qui préfère renverser plutôt que de chercher à amender. Des Chambres peuvent remplir efficacement leur rôle sans tenir constamment en échec le principe d'autorité; il suffit que leurs pouvoirs soient sagement limités, et leur mode de recrutement basé sur le bon sens.

D'ailleurs, il fait beau voir comment les démocrates traitent le suffrage universel, leur idole, quand il ne parle pas comme ils commandent : après la triple élection du général Boulanger, et surtout après celle du 27 janvier à Paris, les républicains le plus en vue bafouaient les jugements de cet autocrate aux 240,000 têtes, énuméraient complaisamment les preuves de son incapacité, et remarquaient avec ironie que tous les imbéciles additionnés ne feraient jamais un homme d'esprit ; on s'ingéniait à trouver des combinaisons pour limiter la puissance de ce tyranneau incohérent et inconscient, qui eût aussi bien voté pour le cheval noir que pour le cavalier.

M. Jules Simon disait solennellement que « la multitude est inintelligente », que « ses votes n'expriment que ses caprices » et que ses élus « représentent tout au plus sa souveraineté à l'heure *fugitive* où elle s'est produite ». L'élection des conseils généraux vient calmer un peu l'horrible peur; dès-lors c'est avec onction qu'on parle du suffrage universel « si plein de bon sens », qui « s'est ressaisi » parce qu'il n'a pas d'un coup brisé les fauteuils sur lesquels députés et ministres assoient leurs principes.

IV.

L'attachement des électeurs est si précaire qu'il faut pouvoir le retenir par l'intérêt. Pour avoir toujours les mains pleines de faveurs, les élus doivent étendre sans cesse les attributions de l'Etat ; les créations de places se succèdent, les budgets s'accroissent démesurément ; on s'ingénie à trouver de nouvelles sources d'influence et d'argent, on accaparera les chemins de fer après les téléphones, les assurances après la Banque de France, en attendant le tour des sociétés financières et industrielles ; quant à la propriété foncière, on en aura raison par l'impôt.

Dans la conception jacobine, l'Etat doit avoir dans la main une clientèle électorale innombrable composée des fonctionnaires, des petits salariés et de leur famille, et augmenter le nombre de ceux qui ont à obtenir des autorisations, des concessions, des fournitures ou des entreprises, et jusqu'à des exemptions arbitraires du service militaire ; il lui faut tenir tous les ressorts de la vie sociale et de l'activité privée, mettre la main sur tous les droits qui sont la prérogative exclusive de la liberté et de l'indépendance humaines, être le maître de l'éducation et des consciences. En même temps, et par-dessus tout, il doit avoir à sa disposition un budget gigantesque ; et, sous ce rapport, l'Etat-Providence devient une pieuvre colossale qui étend ses innombrables suçoirs sur tous les membres du corps social.

Or, des députés républicains peuvent dire avec raison : « L'Etat, c'est nous ; » et quand celui-ci a étendu à ce point sa sphère d'action et de pouvoir, ils sont bien près d'être à eux seuls la France même. Ils disposent des ministres, et par suite de tous les fonctionnaires, emplois et faveurs ; toutes les lois d'affaires, les concessions industrielles, doivent passer par leurs mains qu'elles emplissent ; et, la plupart arrivés pauvres à Paris, en repartent avec de grosses fortunes.

Comment ne pas aspirer à devenir les dispensateurs de tant de grâces et les régisseurs de tant de trésors ? Avocats sans clientèle, médecins sans malades, journalistes à petits gages, ambitieux sans profession et faméliques de toute espèce se ruent à l'assaut du pouvoir, et ceux que

**

les électeurs repoussent rêvent la revanche par une révolution. La situation entrevue est trop brillante; plutôt tenter toutes les aventures, que d'accepter philosophiquement la gêne et l'obscurité.

Entre les mains d'un gouvernement conservateur cette puissance exorbitante de l'Etat aurait les mêmes résultats; si l'on ne remue plus de pavés pour des doctrines et des principes, la perspective de telles jouissances sollicitera toujours la formation de redoutables syndicats d'affamés qui lutteront désespérément pour la grande vie par la révolution. On s'étonne que dans notre pays d'indifférence on ait une ardeur intrépide pour renverser le Gouvernement : trop d'avantages, sous forme de places, de profits ou d'honneurs, sont attachés à la main-mise sur l'Etat; si un régime prévoyant s'appliquait à en faire passer la réduction dans nos institutions et nos mœurs, la nuée de solliciteurs et de clients acharnée au triomphe d'un parti politique porterait ses regards ailleurs, sur les professions libérales, les affaires et le travail utile. Ayant peu à attendre de l'Etat, on le laisserait tranquille. Mais où est le gouvernement qui songera à réduire ses budgets et sa puissance? Où sont les neiges d'antan?

On dit que la presse est inoffensive, et que les faits seuls et non les idées exprimées constituent des délits. Cette théorie pourrait se soutenir si elle ne visait que des lecteurs lettrés et éclairés; mais combien d'autres sont inaptes à juger l'insanité de ce qu'ils lisent, subissent absolument l'influence pernicieuse du journal, et passent des idées aux faits. Le Gouvernement et la société deviennent une cible; et les masses naturellement frondeuses choisissent la feuille la plus hardie dans ses invectives et qui flatte davantage leurs rancunes, leurs convoitises et leurs passions. Aux théories subversives se joignent les attaques personnelles, et lorsqu'on peut impunément appeler chaque matin — souvent avec raison — les gens qui se succèdent aux affaires : filous, canailles, voleurs, etc., l'opinion s'accrédite que ceux *quelconques* qui auront part au pouvoir sont d'exécrables scélérats, et tout sentiment de respect pour l'autorité disparaît à toujours de l'esprit public.

Cette liberté illimitée de la presse produira les mêmes fruits sous un régime quelconque ; or, elle n'est pas inhérente au droit de contrôle et d'information, et son résultat le plus clair : la démoralisation et la destruction, n'est pas compensé par des avantages d'éclairer et d'instruire.

Le journal le plus apprécié est celui qui, le moins sérieux, excelle dans l'art perfide de dénaturer les faits, de bafouer avec humour, et de lancer des insinuations infamantes ; de sorte qu'avec une telle institution, il serait impossible de trouver un homme honnête et de valeur qui consentît à être ministre ; l'administration tombe aux mains de ceux que l'appât de gains inavouables ou une ambition sans dignité peuvent faire braver ce déluge d'insultes.

Mais restreindre la liberté de la presse, c'est toucher aux journalistes, ce troisième pouvoir de l'Etat ! Soit ; à part quelques hommes de caractère et de talent, sont-ils si intéressants ? Quand il n'est pas un instrument pour se mettre en évidence, le journal n'est qu'une fabrique de convictions où l'on brûle ce qu'on a adoré, et inversement, suivant les offres de Plutus.

En condamnant Rochefort pour le seul fait d'une série d'articles hostiles, les républicains viennent d'ailleurs de montrer le cas qu'ils font de cette liberté de la presse, corollaire d'une république où chaque citoyen conserve son droit de souveraineté, et par suite celui de réclamer ouvertement le changement de la forme du gouvernement lorsqu'elle a cessé de plaire.

Quant à la liberté des réunions publiques, annexe de celle de la presse, quels services a-t-elle rendus à la cause du progrès, des sciences et de l'élévation de l'esprit humain ? Quels résultats a-t-elle donnés ? Si l'on y traite des questions sociales, ce ne sont qu'insanités et appels aux plus basses passions pour déchaîner chez l'homme les instincts de la brute ; s'agit-il de politique : aux injures grossières succèdent des scènes de pugilat auprès des-

quelles les combats des Titans n'étaient que jeux d'enfants.
Ces luttes « d'esclaves ivres » que Gambetta voulait pour-
suivre jusque dans leurs repaires n'ont eu d'autre avantage que de nous avoir valu, comme conséquence,
l'autorisation des combats de taureaux.

V.

Pour examiner en toute impartialité la situation des
différents partis, les éléments *bons* et *mauvais* de chacun
d'eux et leurs chances d'avenir, je chercherai à me figurer
pour un instant que je suis un étranger de passage en
France. D'ailleurs, un opuscule qui n'est pas destiné à la
publicité et ne s'adresse qu'à quelques lecteurs éclairés,
peut se permettre plus de libertés qu'un journal qui est
tenu à n'être qu'un plaidoyer *pro domo*.

Le droit moderne admet, chez tous les partis, une
délégation de la souveraineté nationale; l'abandon n'est
que partiel, mais définitif, s'il est fait entre les mains d'un
monarque; et il est total, mais temporaire, s'il est remis à
des Chambres, dans une république. On peut critiquer le
principe même de l'hérédité du pouvoir, mais si on l'admet,
on ne peut établir des nuances et des circonstances dans
le fait de son application sans tomber dans l'instabilité et
le bon plaisir populaire qu'il est précisément destiné à
éviter.

J'ai défini le principe monarchique : un pacte antérieur
et constant entre une nation et une famille. Appeler le
peuple à se prononcer sur la validité ou le maintien du
contrat, c'est reconnaître son droit d'intervention dont on
ne peut plus prétendre limiter la fréquence. Si les généra-
tions précédentes n'ont pu engager celles actuelles, de
quel autre droit engagerions-nous par un vote celles qui
nous suivront? La volonté nationale est non-seulement
changeante de nature, mais de composition; les jeunes
gens arrivés à la vie politique n'auront pas été consultés,
tandis que les premiers votants donneront cette raison

plausible que le Gouvernement n'a pas satisfait leurs désirs et leurs espérances et n'est plus la représentation de la volonté du pays. Dès lors, le régime n'est plus qu'imposé par un pacte *antérieur;* on revient au point de départ. Il faudra procéder à une nouvelle consultation qui, si elle réussit, vaudra pour combien de temps?

Election et hérédité sont deux termes qui jurent ensemble et ne peuvent coexister.

En disant : « Le pacte ancien sera remis en vigueur soit » par une Assemblée constituante, soit par le vote popu- » laire. Cette dernière forme est plus solennelle... La » monarchie n'a rien à craindre de la consultation directe » de la nation, » M. le comte de Paris est sorti du droit monarchique pour entrer dans le droit électif. Ce dernier est le droit politique moderne, et c'est se montrer homme de son temps que d'y adhérer; mais la monarchie basée sur l'hérédité n'a plus de représentant.

Louis XIV avait déjà porté une grave atteinte à la loi salique en convenant que son petit-fils perdrait ses droits éventuels à la couronne; l'ordre de succession par le sang étant au-dessus du pouvoir et des conventions des hommes. On ne peut valablement disposer de ce qui ne vous appartient pas, et malgré le traité d'Utrecht, le premier-né de la descendance de Philippe V serait bien l'héritier du trône; là n'est pas la vraie question. Cette loi salique était avant tout une loi française, et la première condition pour être roi de France est d'être Français. Qui voudrait sérieusement soutenir que la nationalité ne se perd pas par plusieurs siècles de séjour à l'étranger, et qu'un Espagnol, non plus qu'un Allemand ou qu'un Chinois, puisse prétendre être roi de France?

Les légitimistes qui se sont retirés sous la tente dite des « blancs d'Espagne » sont très-peu nombreux et ne comptent guère à vrai dire sur le retour d'un prétendant espagnol. Nihilistes d'un nouveau genre, aucun des régimes qui se présentent n'a d'attraits pour eux; ce sont: soit des hommes de caractère, ennemis des compromissions et des finesses des politiciens, d'un tempérament parfois plus hardi qu'éclairé, toujours loyal et ouvert ; soit des rancuneux qui se souviennent de 93 et de 1830, allèguent que la branche d'Orléans a déjà violé deux fois la loi dont elle se réclame aujourd'hui, et redoutent des velléités de pactiser avec la Révolution ; soit encore des catholiques convaincus que dans le régime qu'on leur offre le levain de Juillet fermente encore. Au demeurant, quantité négligeable comme nombre et comme barrière des approches du pouvoir, mais qui eût été très-appréciable comme appoint dans un parti, pour la solidité de ses attachements, le prestige de la loyauté et l'enthousiasme communicatif dans une lutte au grand jour.

VI.

Il y a une dizaine d'années, on se plaisait à dire que si M. le comte de Chambord venait à disparaître, la fusion des deux partis, légitimiste et orléaniste, amènerait facilement une restauration. A sa mort, l'adhésion de la plupart des notabilités légitimistes vint en effet fortifier ces espérances, puis l'enthousiasme se refroidit par degrés quand on put constater que l'élément et l'esprit orléanistes conservaient une prédominance qui ne fit que s'accentuer avec le temps.

C'est le système du compromis, des petites finesses, de l'action souterraine imperceptible. Il semble, dans quelques localités, que la principale préoccupation du parti soit de ne pas se montrer et de se faire oublier ; plus de conférences à nombreux auditoire, de banquets anniversaires, de réunions où l'on s'affirme et où l'on se serre les coudes. De petits comités exclusifs se forment et cherchent le secret ; on y proscrit soigneusement l'étiquette de royaliste, on ne s'intitule que *conservateur*.

D'autre part, l'idée du plébiscite et de la consultation nationale a désorienté les anciens royalistes, qui, sans y voir une raison de repousser Philippe VII, ne lui donnent plus qu'une adhésion dynastique muette et sans enthou-

siasme, dictée seulement par la nécessité et la fidélité à
un principe même méconnu.

Le comte de Paris a pour lui le prestige de sa race, les
gages que donne un entourage composé d'hommes de
talent et d'esprit essentiellement conservateur ; on sait
qu'on peut attendre de son gouvernement la paix, la prospérité, les garanties de contrôle et toutes les libertés
compatibles avec notre état social ; malgré tout, il subsiste
cette nuance, qu'une bonne partie des honnêtes gens *veut
bien de lui*, mais qu'un courant *vigoureux* ne se dessine
pas en sa faveur.

VII.

Le parti impérialiste, dont la raison d'être est l'hérédité
monarchique, réclame aussi l'élection ; tout ce qui a été
dit au chapitre V sur la durée des engagements plébisci-
taires lui est donc applicable. Sa situation se complique
de cette circonstance qu'il a comme deux têtes : le prince
Napoléon et le prince Victor, et que le père entend barrer
le chemin à son fils. Celui-ci, très-gêné par cette situation
fausse, ne peut se déclarer officiellement Prétendant ; ses
proclamations et ses lettres sont bien celles d'un directeur
de parti, mais on n'y trouve jamais de revendication du
trône pour lui-même, et il semble peu désireux de provoquer prochainement un plébiscite sur son nom. Les
Victoriens préférant attendre un événement qui fera l'unité
du parti, la République est pour eux un terrain d'attente
tout naturel ; ce qui explique pourquoi les chefs bonapartistes sont en majorité boulangistes.

Ici, les doctrines sont en opposition avec la réalité du
régime : on proclame la souveraineté du peuple ; le
suffrage universel, maître absolu, doit se faire entendre en
tout, partout et toujours, en même temps qu'on lui fait
enchaîner sa volonté pour la durée de la vie d'un homme
et de ses descendants. On le consultera bien encore dans
la suite, mais on n'admet pas qu'il puisse changer d'avis ;

et, oubliant que le temps des bulletins soumis est passé, on se berce de l'espoir de faire toujours marcher le fauve, qui peu à peu ronge sa laisse, puis vient à la casser et à tout dévorer.

Au lieu de demander de temps à autre au peuple s'il veut conserver ou changer le souverain ou la Constitution, et cela pour la forme, puisqu'on passerait outre en cas de négative, et au lieu de faire de gigantesques efforts de pression pour dicter des votes, il est plus simple de s'en passer. Ce ne sont pas des doctrines théoriques plus ou moins démocratiques qui font rechercher l'Empire, de la part des classes laborieuses; c'est l'espérance d'y trouver un pouvoir fort qui leur assure l'ordre, la sécurité et la prospérité des affaires.

Pour obtenir cette force, ce régime tend à se débarrasser du contrôle intelligent et indépendant des classes moyenne et supérieure, en se retranchant derrière la sanction directe de la masse populaire inconsciente et fortement maintenue; il avoue repousser le parlementarisme, et en écartant tous conseils et lisières, il présente la fiction démocratique pour masquer l'autocratie. Ainsi isolé, le césarisme ne peut se maintenir qu'avec un chef d'un esprit transcendant, appuyé sur des ministres hors ligne.

Les impérialistes comptent des notabilités recommandables par l'intelligence et le caractère, affectant une certaine crânerie d'opinion qui n'est pas pour déplaire en France; leur trait d'union naturel avec les royalistes est la question religieuse et de conservation sociale; l'entente préliminaire est facile; mais dès qu'il s'agira d'aboutir, la solution dynastique creusera un abîme entre eux.

Leur gauche, plus accentuée que chez les royalistes, admet un certain socialisme dont M. Amigues a esquissé des traits peu rassurants, et elle confine de si près à la République que certains, comme M. Dugué de la Fauconnerie, y entrent et en ressortent sans trop faillir à leurs principes de souveraineté du peuple absolue et constante; en effet, l'exercice de ce droit ne donne, sous des noms divers, que des présidents de République, révocables à volonté.

Si « notre ennemi c'est notre maître », on peut dire aussi que la supériorité sociale et de fortune provoque, non l'inimitié, mais une certaine jalousie voisine de l'éloignement. Il a suffi que la majorité des grands propriétaires fût royaliste, pour qu'une notable portion conservatrice de la classe qui est au-dessous d'eux (car, quoi qu'on fasse, on se divisera toujours en classes) se rangeât du côté des bonapartistes, que j'appellerais volontiers le centre-gauche des monarchistes (1). Ceux qui ne voient pas au-delà de la prospérité matérielle se souviennent avec regret de l'Empire, et sans que leur préférence soit très-marquée, on peut dire qu'elle existe, et que l'avantage du nombre — dans un pays où il prime tout — compense l'infériorité de l'état-major impérialiste.

VIII.

Des causes nombreuses de mécontentement pour les conservateurs et de déception pour les républicains, jointes à l'amour naturel du changement, ont produit le boulangisme, expression complexe d'une haine commune et d'espérances contraires. Les gens au pouvoir ont feint de trouver incompréhensible cet engouement pour un homme dont les actes ni les mérites ne justifient la popularité; ils n'osent avouer qu'il y a là une nouvelle manifestation du caractère national qui veut instinctivement un chef.

Pliant sous le poids des vexations et de la misère, les populations rurales honnêtes répudient un régime qui n'est qu'une anarchie où tout le monde commande, bien que la subordination soit partout, même au sommet; elles

(1) Afin d'éviter les répétitions des mots « royalistes et impérialistes », je comprends sous la dénomination de monarchistes les deux partis; le terme « monarchie » s'applique à la Royauté ou à l'Empire.

veulent l'ordre, la prospérité, la conservation sociale, et dans ce but elles appellent de leurs vœux un « Gouverneur » sans se préoccuper de ce qu'il sera.

Tout autre est l'objectif de la populace des villes et des usines : le combat pour la vie, les excitations de la presse et des orateurs de cabaret ont développé chez elle la haine des classes possédantes en même temps que l'espérance d'un partage, ou tout au moins d'une répartition moins inégale des richesses, et la révolte permanente de leur esprit leur fait saisir avidement toutes les chances de bouleversement. Ceux-là n'ont rien à perdre ; Boulanger, leur dit-on, sera l'avénement de la République sociale, et ils sont aussi boulangistes.

De tels éléments sont inconciliables ; les chefs peuvent les faire marcher parallèlement pour l'attaque ; mais, comme deux parallèles, ils ne se rencontreront jamais pour rien fonder, même temporairement. En cas de victoire, il y aurait forcément des dupés et des trahis, et chacun, se fondant sur les mêmes promesses reçues, a la fatuité de croire que ce ne sera pas lui. Il y a là une équivoque unique dans l'histoire par sa durée.

Quoique vaguement esquissé, il existe cependant une sorte de programme : Revision dans un sens plus démocratique, plus de parlementarisme, plus de Sénat, établissement du *referendum*. Ce dernier mot aurait pu tromper des naïfs ; voici l'explication qu'en a donnée dans la *Presse* un des lieutenants du général : « Il suffira que » les électeurs, sous forme de pétitions couvertes d'un » nombre de signatures déterminé, demandent qu'une loi » soit soumise avant sa promulgation à la sanction popu- » laire, pour que les colléges électoraux soient convoqués, » et que le peuple exerce son droit de *referendum*. » C'est l'intervention directe des masses dans la confection des lois ; ce sont les clubs provoquant le pétitionnement et les votes populaires, et imposant en dernier ressort leur volonté. Ce programme-là, on en a vu l'application en 93.

Des faits non moins inquiétants pourraient nous éclairer : un homme s'entoure de révolutionnaires et de socia-

listes-athées; il réitère et accentue ses déclarations répu-
blicaines, commentées par ses caudataires dans le sens
le plus avancé; le parti renonce si peu à la politique de
persécution qu'il vient de voter comme un seul homme
l'envoi des séminaristes à la caserne, loi présentée par
le chef lui-même; eh bien! escomptant l'espoir d'une
trahison, il faut le suivre quand même, laisser passer
sans concurrents, que dis-je, recommander la candidature
des pires ennemis de la conservation sociale, et oublier
que l'honnêteté la plus élémentaire défend certaines
alliances. Et pour arriver à quel résultat? La revision.
Mais on peut la vouloir, et on la veut, en deux sens absolument opposés. Revisera-t-on « parallèlement »?

En politique, il ne suffit pas de renverser, il faut
reconstruire, et de suite, le pouvoir ne pouvant rester un
seul instant à l'état de terrain vide et vague; pour cela, il
faut avoir des plans et projets arrêtés. On ne croit plus à
un Monck, mais on fonde un vague espoir sur un Cromwell
conservateur; il abandonnerait son parti, renierait ses
amis de la première heure, tromperait les républicains
avancés pour se jeter, avec la revision, dans les bras des
conservateurs qui, par leur recherche d'alliance, avouent
leur faiblesse numérique. Cette magnifique abnégation,
imposée par le seul prestige des Douze, ferait refleurir
l'ordre moral, en attendant une restauration. Ah! le bon
billet que nous avons!

Une aberration analogue se vit au siècle dernier: Boulanger s'appelait alors la Philosophie, et toute une génération s'étudia pendant vingt ans à offrir elle-même sa
tête au bourreau. *Quos perdere vult Jupiter dementat!*

IX.

Sous un semblant de séparation des pouvoirs, le régime
républicain arrive toujours à concentrer la toute puissance
effective en une seule Chambre qui, sous des noms divers,
devient une Convention. C'est en réalité le pouvoir absolu

et sans contre-poids remis aux mains de 550 hommes plus puissants que Louis XIV et autrement dangereux, sous l'anonymat, qu'un autocrate dont ils n'ont ni la responsabilité, ni le souci de l'avenir. Ils sont là pour peu d'années, et après eux le déluge, pourvu qu'ils aient édifié leur fortune. S'ils ambitionnent une prolongation de mandat, toutes leurs vues politiques se bornent à ce qui peut favoriser leur réélection. Avec des pouvoirs aussi passagers, basés sur les caprices éphémères des scrutins, il n'y a personne pour prendre en main les intérêts permanents du pays, et résister à des entraînements irréfléchis ; il n'y a que l'instabilité perpétuelle, jointe au despotisme, qui n'a à compter avec aucun frein ni contrôle.

La dilapidation des finances, l'aggravation exorbitante des impôts, la tyrannie dans l'éducation, l'oppression des consciences et la guerre à toute idée religieuse, l'isolement en face de l'Europe armée, l'arbitraire, la discorde et la guerre intérieure, la ruine de l'agriculture et de l'industrie par les traités de commerce, la honte de scandaleux tripotages, l'exploitation du pays par des bandes d'affamés, la vénalité en haut, la misère en bas, le mécontentement chez tous les honnêtes gens, tels sont les fruits du régime républicain. Il ne peut en produire d'autres ; il a été essayé sous toutes ses formes depuis dix-huit ans, l'expérience est faite, et a montré dès longtemps que l'espoir d'une République conservatrice est une chimère, — on a dit : « une bêtise ».

Les républicains modérés sont toujours débordés ; sans caractère, timides, absorbés dans la préoccupation de leur popularité et de leur réélection, ils sourient complaisamment aux démagogues, parce qu'ils les savent hardis et entreprenants ; pour eux la modération est l'acceptation des revendications radicales, et leur prétendu amour du bien public et de ce qu'ils appellent leurs principes ne les fera jamais mettre résolûment en travers des gaspillages financiers, de la persécution religieuse et de toutes les lois anti-conservatrices qu'ils votent toujours « la mort dans l'âme ». Ce sont eux qui ont frayé la route aux radicaux,

eux qu'on trouve depuis un siècle comme précurseurs de
toutes les catastrophes politiques ; c'est à eux que la France
doit le degré de misère et de honte où elle se trouve
actuellement. L'amour du peuple est sans cesse sur leurs
lèvres, et ils ont la férocité de voter une loi qui, proscrivant
le prêtre du chevet des mourants à l'hôpital, arrache à ces
malheureux déshérités jusqu'à la chance d'une consola-
tion et d'une espérance.

Les conservateurs qui fonderaient un espoir sur ces
poltrons doublés d'égoïstes, se feraient autant d'illusions
qu'en pensant pouvoir entrer eux-mêmes dans la République pour la diriger. Sans parler des promiscuités
répugnantes, ils n'y trouveraient que le dédain, la suspi-
cion et l'ostracisme ; on pourra se servir d'eux pour
quelque coalition, mais on détellera vite le cheval de ren-
fort. Quant à être la majorité, cela leur est impossible en
République ; depuis dix-huit ans, ils n'y sont jamais par-
venus, car l'élection de 1871, faite durant un amnistie de
dix jours, avait un mobile non politique.

Sous ce régime, les députés-souverains ont trop de
puissance et trop d'occasions de grands profits ; en sorte
que tous les déclassés sans état lucratif portent leurs
regards sur une aussi brillante position. Pour arriver à ce
pouvoir souverain en commandite, rien ne leur coûte ;
dégagés de tout scrupule encombrant, ils attisent en toute
liberté les haines et l'envie, formulent des promesses
insensées, en même temps que des calomnies odieuses
contre leurs rivaux honnêtes qui, s'ils osent aborder la
lutte, y demeurent vaincus. Dans le conflit violent et per-
pétuel entre ceux qui veulent garder et ceux qui veulent
prendre, l'apathie et la désunion des premiers assurent
aux seconds une majorité parlementaire image fidèle des
passions, des haines et des convoitises de la plèbe qui lui
a donné un appoint numérique prépondérant.

Taine a dit : « Dans tout homme il y a une bête qui
sommeille. » La République réveille par excellence ces
instincts farouches ; avec elle, l'esprit révolutionnaire
prend toute son expansion, déploie sans entraves son

audace et son activité, et arrive à dominer l'opinion. Le Nombre demeure assuré à la République radicale, produit naturel et logique de la démocratie.

D'ailleurs, quels que soient les noms dont elle s'affuble, « la République sera *parlementaire*, ou elle ne sera pas ; » sans des Chambres omnipotentes, agissant en vertu d'une délégation de souveraineté sans cesse renouvelée, elle serait une Dictature.

X.

Dans l'état actuel des esprits, aucun des partis d'opposition n'a de chances d'arriver à établir un gouvernement par les voies légales ; ils peuvent s'unir dans une haine commune contre la forme actuelle de la République ; mais des divergences de vues aussi profondes, et une rivalité aussi défiante sous des dehors d'alliance éphémère les frappent d'impuissance pour fonder quoi que ce soit. Cette opposition hétéroclite fût-elle en majorité qu'elle ne renverserait pas la République, puisqu'il faudrait la remplacer, et que chaque parti trouverait alors infailliblement les deux autres pour lui barrer le chemin ; on renverserait bien le ministère, c'est une tâche presque quotidienne ; on rappellerait les proscrits, c'est le mobile utile de l'alliance ; puis chacun reprendrait ses affinités, les boulangistes d'origine votant, avec l'extrême gauche, des lois ou une revision dans le sens radical-socialiste. Arlequin et Pierrot, réconciliés, s'embrasseraient sur le dos du pauvre Géronte toujours naïf.

Du reste, les variations dans les plans de conduite accusent déjà un désarroi inquiet (1) : tantôt on demande la revision immédiate, tantôt la nomination préalable d'une Constituante ; les uns veulent que la prochaine Chambre confectionne d'abord des lois réparatrices, d'autres enten-

---

(1) Afin de ne pas courir le risque de décourager qui que ce soit, cette brochure ne sera distribuée qu'après l'élection du 22.

dent ne donner à la Constituante que le seul pouvoir
d'appeler le suffrage universel à choisir un régime. L'élection aurait encore de beaux jours !

En quoi la composition d'une Constituante, nommée
sans unité de vues, pourrait-elle sensiblement différer de
celle de la Chambre qu'on va élire le 22, et à quoi servirait-
elle, si ce sont les électeurs qui sont appelés à se prononcer ? Peu importe ; on veut de la Constituante, on en a
mis dans tous les programmes.

A supposer que les plans aient réussi jusqu'ici, que l'on
s'adresse à une Constituante ou au suffrage universel, que
le vote ait lieu à un ou à deux degrés, avec la division
des partis monarchiques, ce sera toujours la République
qui sortira de l'épreuve, et je ne veux pas faire aux
conservateurs réfléchis et honnêtes l'injure de les supposer
prêts à accepter ce régime anti-libéral condamné sous
toutes ses formes, car la République conservatrice est un
non-sens. On n'entrevoit aucune solution ; et en face de
ce néant, l'instinct de la conservation a beau se cram-
ponner à toutes les combinaisons de sauvetage, s'efforcer
de former une digue de systèmes enchevêtrés et de tacti-
ques subtiles, rien ne tiendra contre les scrutins ; on
cherche, on sonde, on se tourne et retourne impuissant
sur ce lit de Procuste sans trouver de salut. Il y a trop de
sauveurs !

XI.

Depuis plusieurs années, le mécontentement allait
grandissant, lorsque le général Boulanger vint lui servir
d'expression et bientôt de dérivatif ; il n'a fait que de
détourner l'attention de l'idée monarchique héréditaire, et
il pourrait bien avoir dit une vérité le 14 juillet dernier :
« Sans moi, la République serait renversée. » Sans lui, en
effet, les conservateurs et les désabusés honnêtes, com-
prenant qu'il ne suffit pas de détruire, auraient pu porter
leur action et leurs vues sur un prince, royal ou impérial,

qui leur eût assuré une solution ; car c'est bien un chef qu'ils cherchaient et non un continuateur de la République.

Mais pour les rallier, il fallait pouvoir leur présenter un gouvernement défini, et surtout un nom *unique* ; toutes les finesses de tactique et les chances de combinaisons à longue échéance ne captivent pas l'électeur, qui ne peut faire de synthèses aussi compliquées et tout d'une pièce, réclame quelque chose de précis, tranché et immédiat. Si on lui avait dit partout : « Voter pour tel candidat à la députation, c'est voter pour *une* monarchie (1) que voilà, sans rivale, et que la Chambre proclamera de suite, » on eût créé assurément *un courant*, et les indécis, les timides, les dupés et les fourvoyés y seraient entrés avec les conservateurs. C'était la majorité sans qu'il fût besoin de l'alliance socialiste.

Le point difficile était, et sera longtemps, le dualisme des prétendants au trône. Le moyen de les réduire à l'unité ? ?

Les oubliettes, le sac de cuir de la Tour de Nesle ou le poison des Borgia sont des procédés un peu démodés ; aura-t-on recours au doigt mouillé ou à quelqu'autre système extravagant ? En voici un : puisque les deux partis ont les mêmes principes et veulent également la consultation nationale, qu'ils la fassent ! mais préalable, pour que la neutralité gouvernementale soit assurée. Le même jour, dans toutes les communes de France, on procède à des élections sous forme de réunions privées dans une maison quelconque ; comme on se passe des républicains, les royalistes et les bonapartistes adressent à tous leurs partisans des lettres de convocation servant de carte d'électeur, les bulletins portent l'un des deux noms : Philippe VII ou Napoléon V, les bureaux sont mi-partis, on recense, et le tour est joué ; il n'y a plus qu'un prétendant. Seulement... il est trop tard.

Parlons sérieusement : puisque la situation incommutable

(1) Voir la note de la page 17.

est celle-ci : d'une part, l'indifférence dynastique chez la grande majorité des conservateurs ; de l'autre, des déclarations réitérées de Prétendants qui s'en réfèrent à la volonté nationale, pourquoi le comité des Douze n'a-t-il fait aucune tentative virile ? Par sa composition mixte, et les deux hautes adhésions reçues, il avait qualité pour chercher des voies et moyens, et s'entremettre activement auprès de chacun des Prétendants dont la rivalité réduit les conservateurs à l'impuissance absolue. Obtenir, non pas seulement l'union sans lendemain, mais l'unité, était une question de vie ou de mort, et le peu de chances de succès n'eût pas dû rebuter les courages. La réussite eût été le triomphe de l'indifférentisme, le triste roi du jour ! mais il faut prendre son pays et son temps comme ils sont, et quand les principes ont, de tous côtés, fait place aux expédients, il faut du moins choisir ceux qui sont le plus efficaces.

Si l'effacement (l'abdication si l'on veut) d'un des deux partis est impossible par un arbitrage quelconque, l'attente ne le facilitera pas ; personne n'arrivera, voilà tout ; mais si les droites ont en vue l'établissement d'une monarchie, le but ne peut être obtenu, à défaut de violence, que par l'adhésion et l'absorption de l'une des deux. On comprend que chacun résiste et ne veuille céder d'emblée ; mais l'union conservatrice n'étant pas une forme de gouvernement, il faudra bien se décider pour quelqu'un. Seulement, au lieu de vider le différend entre monarchistes, on le voudrait faire résoudre par le suffrage universel et les pouvoirs publics, qui sont républicains et resteront tels tant qu'on n'aura pas arboré haut et ferme un drapeau unique devant les électeurs. C'est un cercle vicieux, et la question ainsi posée est insoluble, car on n'obtiendra jamais, soit la mise en jeu officielle de la consultation nationale, soit une réponse satisfaisante de celle-ci.

C'est ce que semblent comprendre des esprits déliés qui voudraient faire durer la provisoire, en préconisant des voies tortueuses et des moyens subordonnés à une succession de combinaisons irréalisables.

A parler franchement, personne ne se soucie d'arbitrage ou de consultation nationale, personne n'est sincère et ne croit que son parti puisse arriver par un appel *préalable* de la part d'une Assemblée ou du suffrage universel. On ferait bien voter, mais lorsqu'on tiendrait le pouvoir et qu'il n'en serait plus besoin, car au moment même où un Prince s'assiérait sur le trône, l'expérience républicaine aura été si dure, que tout ce qu'il y a d'honnête et de sensé en France lui ouvrira les bras.

En dehors de quelques fidélités hautement respectables, le mobile des chefs de parti est avant tout de se ménager les honneurs, l'influence et les fonctions dont ils craignent d'être frustrés à l'arrivée du prince concurrent; et, en attendant, advienne que pourra.

XII.

Attendre quoi? La misère, le mécontentement et la décomposition n'étaient pourtant que trop suffisants pour provoquer une crise gouvernementale avec un but défini, et la déception a été grande chez beaucoup, quand ils ont appris qu'il n'était question de rien fonder encore, mais seulement de remplacer le personnel, sous une formule de conservatisme anonyme qui ne dit rien, et coupe court à tout élan, car ils voient bien qu'il leur faudra subir quatre ans encore de cet aimable régime qui ne fera qu'empirer, en attendant qu'on soit prêt dans les hautes sphères.

Laisser venir des bouleversements, des maux et des misères si intenses que de l'excès du mal sorte le bien, est une conception qui ne peut entrer dans aucun cœur patriote et chrétien; dire qu'un Prince ne demeurerait pas six mois sur le trône au milieu du bouillonnement des passions, est souvent un moyen de masquer une désertion. Il faut d'abord, disent ceux-ci, passer par une République conservatrice qui édicte des lois réparatrices pour mora-liser les masses, leur rendre le respect de l'autorité et de la religion, rétablir l'ordre et l'économie dans les finances, opérer le relèvement de la nation et l'apaisement des cœurs révoltés. Or, si cette République pouvait amener de tels résultats, elle ne serait pas si mauvaise, et il paraîtrait sage à plus d'un de la conserver, plutôt que d'essayer d'un monarque. C'est retourner la proposition ; la monarchie est le régime réparateur, mais on attend de la République les actes de réparation ; c'est la cure homéopathique, *similia similibus*. Autant vaudrait énoncer cet enfantillage : « Quand vous aurez été bien sages, on vous donnera une monarchie. » Pour ce qui est de moraliser sans le gouvernement, on sait trop ce que peut l'initiative privée contre les lois et l'omnipotence de l'Etat.

Les bonapartistes peuvent avoir leur raison d'attendre un accident de la nature qui fasse l'unité chez eux ; mais les autres ? — Pour tous deux, le temps risque fort d'amener l'émiettement, le découragement et la désertion.

Contrairement à ce qui se passa sous les deux premières Républiques, on n'a pas encore vu de transfuges conservateurs dans la troisième ; la discipline a été jusqu'ici toute militaire et sans précédent sous aucun régime. Mais on peut apercevoir les symptômes d'un commencement de lassitude et de regrets causés par la privation des avantages de toutes sortes qu'un gouvernement prodigue à ses adhérents. Il est triste de rester avec les vaincus !

La première étape de cette évolution, encore discrète, a été le boulangisme. Le général était un astre naissant qui pouvait désirer attirer dans son orbite des gens de bon ton ayant un vernis d'honorabilité. D'abord silencieux, il n'y avait pas à douter qu'il dût recommencer quelque 1852 ; mais voilà qu'il s'est déclaré républicain ! On a dès-lors le très-grand chagrin d'avoir été déçu ; mais on était engagé dans son parti, on ne peut revenir sur ses pas ; d'ailleurs, la République « honnête » sera habitable pour les gens bien pensants, et on ne peut éternellement bouder et se dérober à la tâche patriotique de prendre les places et l'influence afin de pouvoir sauver son pays. Si le régime actuel résiste, grâce à la division de ceux qui l'attaquent et sont inhabiles à le remplacer, la tache d'huile s'étendra. Nous en verrons passer de ces Fabricius dévorés de la soif de se dévouer... à la République!

Le solliciteur de places opère dans une sphère relativement restreinte, mais le candidat aux fonctions électives est un véritable fléau social; par ses palinodies, ses platitudes, ses roueries fallacieuses et ses déclarations contraires, le conservateur courtisan du suffrage universel donne aux populations un fatal exemple d'abaissement du caractère. En aucun temps l'idéalisme et le désintéressement n'ont été les vertus dominantes des hommes politiques, mais jamais peut-être le sentiment de la dignité et de la droiture ne s'est effacé à ce point devant le souci d'un succès personnel à puiser dans une popularité de mauvais aloi.

C'est que (à moins d'avoir une situation qui met hors de pair et rend les démarches inutiles) lorsqu'on part en guerre à la conquête du suffrage universel, il faut être armé de toutes pièces: hardiesse, ruse, souplesse, duplicité, rien ne doit être oublié; les naïfs seuls emportent la pruderie. Il faut avoir les mains pleines de promesses tirées à vue sur le budget, en même temps qu'on préconise de strictes économies; être autoritaire près de l'un, libéral avec l'autre, obséquieux près de tous; ici, l'intérêt du producteur doit tout primer; là, le consommateur a droit à toutes les sollicitudes; plein de bonhomie avec le paysan, ce candidat paraît s'intéresser à ses cultures et le flatte en lui disant qu'il est un membre de « la grande souveraineté du peuple », et que la démocratie est tout; il ajoute au détaillant que, libéral avant tout, il ne veut de la domination de personne, surtout du clergé, car il n'est pas clérical, lui! Et, sur ce mot, il quitte sa conquête pour gagner au plus vite le bourg voisin où se tient une conférence mensuelle des curés du canton; là, il expose avec onction qu'il n'y a rien de possible sans l'autorité dont la source découle d'En-Haut sur la personne des prêtres, auxquels l'État doit protection et assistance financière.

Au milieu de tout cela, il a adroitement évité des questions indiscrètes sur ses opinions politiques; il eût été sincèrement empêché d'y répondre; à force de les avoir cachées, il n'en reste plus trace. Une seule fois il s'est laissé investir; le cercle de questionneurs en sabots s'acharnait à lui demander par qui et par quoi il entendait sauver la société; il paraissait acculé, lorsque, se redressant, il laissa tomber ces trois mots en scandant le dernier: « Par le *referendum!* » Et il les pulvérisa sous un sourire vainqueur.

Il fera assurément un député tout comme un autre, et déposera indifféremment des bulletins bleus ou blancs sur les questions les plus sérieuses exigeant des connaissances acquises et de l'étude. Si les électeurs ne sont pas satisfaits, ils ne s'en prendront qu'à eux-mêmes, car ce qu'ils recherchent uniquement dans un candidat, c'est la rondeur, les paroles flatteuses, la serviabilité en dehors du mandat, c'est, en un mot, qu'il soit « bon garçon », sans se soucier s'il a ou non des aptitudes pour la fonction qu'ils lui confient.

En dehors de la candidature, la politique offre d'autres ressources. Qu'un homme ambitieux se retire des affaires après fortune faite, il songe, pour sa nouvelle vie, à se créer de belles relations. Ses regards se tournent vers les hommes politiques, il s'enquiert du parti que tiennent les gens de bel-air, et suivant que dans sa région il sera de meilleur ton d'être royaliste ou impérialiste, il se fera l'un ou l'autre.

Il y a toujours quelques comités; voilà une base d'opération. Il s'y faufilera et mettra au service de ses collègues, un peu paresseux, ses habitudes de travail, passera vite à l'état d'homme précieux, et l'ascendant rêvé se dessinera. D'abord souple et obséquieux, il deviendra hautain et dédaigneux dès qu'il se sera fait accepter des chefs.

Existe-t-il un journal? Il s'y rendra prépondérant; bientôt il en fera sa chose. Seulement les convictions manquant, tout sera rapetissé, exclusif, sacrifié aux considérations de sa propre influence ; il fera absorber et résumer dans le maintien financier de sa feuille les préoccupations, les conseils et les forces du parti, et toute la politique se réduira — tant le naturel revient au galop — à une gestion commerciale.

XIII.

Les coryphées de la politique sont quelque peu décadents ; les grandes figures s'effacent, et celles qui les remplacent ont des physionomies opportunistes ; elles cherchent le clair-obscur et passent, légères, hors des ombres nuageuses de la théorie, sous un ciel constellé d'habiletés profitables. Les opinions sont devenues un costume de cérémonie qu'on ne revêt que dans les salons et qu'on n'exhibe pas aux yeux du vulgaire ; l'opposition, farouche à huis-clos, s'adoucit dans les actes, et si par surcroît on détient une parcelle du pouvoir électif, il faut se montrer parfait équilibriste entre la préfecture et l'électeur.

Tout ce qui touche à la politique est lamentable ; on voudrait pouvoir en éloigner jusqu'à sa pensée et s'en désintéresser aussi absolument que le font les Américains, grâce au peu d'importance que l'Etat a chez eux ; mais en France, si l'on fuit la politique, elle vient vous chercher, et vous enserre de tous côtés ; c'est la tunique de Nessus dont on ne peut se débarrasser. L'indifférence n'est pas un refuge, et si à l'écart qu'il se tienne, il n'est pas un honnête homme qui n'ait à souffrir par quelque côté dans ses intérêts, dans ses convictions ou dans sa liberté.

Ceux que les questions morales et de principes laissent froids, et qui ne demandent qu'à voir prospérer leurs affaires sont atteints par la progression des impôts et la ruine agricole et industrielle résultant de lois économiques désastreuses. D'autres, s'en tenant exclusivement au point de vue religieux, préconiseraient en vain l'indifférence pour toute espèce de forme politique : derrière « la forme », il y a les hommes, et il est des régimes dont l'essence même est de porter inévitablement aux affaires ceux qui, par leur naturel et par la source d'où ils tirent leurs pouvoirs, seront toujours des persécuteurs obligés et acharnés. Que leur servirait de « ne pas imiter cet Indien qui se ronge les poings en voyant passer un convoi de chemin de fer sur l'emplacement de sa case, mais de *monter dans le train* » ? A moins qu'ils ne bornent leurs souhaits à occuper une première bien confortable et un bon coin.

En présence des difficultés inextricables du présent, des gens d'esprit paisible ou paresseux se réfugient dans le fatalisme et s'en remettent, pour l'avenir, au hasard d'événements imprévus; ils estiment qu'il est inutile de chercher à l'avance (comme dans ce qui peut suivre les élections actuelles) des combinaisons qu'un grain de sable peut faire dévier et renverser. Ce grain de sable est parfois une bombe lancée un soir, rue de l'Opéra, et allumant successivement la guerre d'Italie, puis celle contre l'Allemagne, et toutes leurs conséquences; ce peut être un incident futile servant de prétexte à une nouvelle lutte gigantesque qui ferait taire toutes autres préoccupations. Avec les armements formidables actuels, cette guerre à outrance pourrait faire disparaître jusqu'au nom d'une nation, et renouveler une de ces exterminations de peuples qui ont suivi la chute de l'empire romain.

Le courage, l'intrépidité, l'intelligence et l'élan font des Français les premiers soldats du monde; mais on frémit en pensant à ce que pourrait être la direction supérieure avec le régime du gâchis gouvernemental, les rivalités, les préoccupations de portefeuilles et de pots-de-vin, et par-dessus tout l'ombrage causé par la perspective de généraux vainqueurs. Ce serait l'épanouissement des présomptueuses vanités civiles, le retour aux phrases à la Girerd (celui qui, le premier, a été traité de lâche au pied de la tribune française) offrant « le rempart de sa poitrine » au feu... de la préfecture. Ce qui peut réconforter les cœurs, c'est qu'en dépit de tous les politiciens, l'admirable armée française remplirait toujours glorieusement sa tâche.

D'autres enfin concentrent leurs appréhensions sur les bouleversements sociaux. La France, disent ces pessimistes, qui ne sont peut-être pas dénués de toute clairvoyance, est sur une pente fatale, et l'on ne voit rien à l'horizon qui puisse la préserver de l'abîme dont elle se rapproche ; les luttes intestines, les coalitions de renversement, l'absence de sécurité du lendemain et le gaspillage effréné de ceux qui ont à se hâter de jouir de leur pouvoir, finiront par arrêter tout à fait les affaires et le travail, et amèneront une misère telle qu'elle déchaînera des colères désespérées qui se traduiront en émeutes. La satisfaction qu'on leur jettera en pâture sera le socialisme d'Etat, forme pratique du communisme ; on en menace déjà ouvertement toute fortune acquise, sans se soucier s'il provoque le découragement de l'esprit d'entreprise et d'épargne ; Basly vient encore de déposer un projet de loi proposant de prélever le tiers des héritages au profit d'une caisse des travailleurs, soit deux milliards par an. Et, si l'on se reporte en arrière, on voit des propositions qui paraissaient d'abord tout aussi insensées avoir fini par passer dans la réalité.

En dehors de cette destruction méthodique et légale, on se dit que des gouvernements se sentant acculés peuvent avoir recours à de terribles extrémités ; la lie de la populace, prête à tous les coups, est toujours là, l'œil au guet, et il suffit non d'un ordre, mais d'un signe pour déchaîner ses instincts féroces, pendant que « l'armée reste dans ses casernes », sauf à l'en faire sortir après coup pour apparaître en sauveur. Que si des pouvoirs aussi précaires que ceux des républicains viennent à être renversés, il peut y avoir dans les intermittences de leur vacance de véritables jacqueries qui, pour n'être que passagères, n'en laissent pas moins, en quelques heures, de terribles traces de pillage, d'incendie et de violences.

Il faut chasser ces sombres présages ; rien ne sert de
gémir et de se couvrir la tête de cendres, il faudrait agir
sans découragement et sans retard, et trouver un remède
que cette petite étude de mœurs politiques n'a pas la
prétention de rechercher, son cadre se limitant à l'examen
de la situation et des causes des maux présents. Jeter un
voile sur nos faiblesses et montrer de brillantes solutions,
serait une tâche plus attrayante et moins ingrate que de
mettre à nu les plaies de chacun des partis ; la louange
fait récolter plus d'éloges que la critique, mais si celle-ci
ne contente personne, elle présente du moins une chance
d'utilité réformatrice.

On ne risque pas, toutefois, de trop s'avancer en disant
que si ces causes persistent, elles ne peuvent manquer
d'amener la décadence absolue. Voici une nation qui montre
encore une grande vitalité industrielle et artistique ; elle
vient d'affirmer une fois de plus la supériorité de son
esprit entreprenant, inventif et initiateur ; par le goût, elle
demeure la reine du monde. Mais elle porte dans ses
flancs le termite rongeur, la hideuse politique ! La prolongation d'un état de crises permanentes, de compétitions
acharnées, d'incertitude, de dilapidations financières,
amènerait vite sa ruine matérielle, en même temps que
l'exemple de concussions et de rapines, parti de haut, et
l'encouragement officiel à la démoralisation accéléreraient
l'abaissement des mœurs et des caractères.

La France, dit-on, ne peut pas périr ; bien d'autres sont
tombées sous des causes moins graves de décomposition.
Voici une appréciation récente du cardinal Lavigerie :
« Ce à quoi nous assistons de plus en plus, c'est à la
» décomposition sociale elle-même, c'est-à-dire à ce qu'on
» peut imaginer de plus menaçant et de plus horrible. Tout
» descend, ce n'est pas assez, tout se déshonore peu à peu ;
» tout participe à la décadence irrémédiable, et la Société
» croulera, hélas ! autant et plus encore par la lâcheté et
» l'aveuglement des uns, que par l'audace des autres. »
Combien de temps pourra-t-elle résister à l'effet de

commotions politiques la faisant osciller sans cesse du régime de républiques démagogiques socialistes à celui de dictatures brutales du premier venu, seul avenir que lui réservent l'exercice universel du droit de suffrage et l'absence d'une véritable autorité ?

AD. DE VILLENAUT.

Vauzelles-Nevers, 10 septembre 1889.

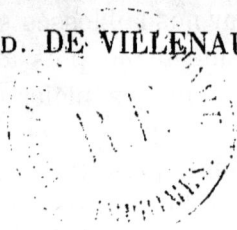

Nevers, Imprimerie G. Vallière.